LA

Société étrangère
en Chine

PAR A.-A. FAUVEL

Ancien fonctionnaire des Douanes chinoises

(EXTRAIT DE *Samedi-Revue.*)

PARIS

IMPRIMERIE DE LA SOCIÉTÉ DE TYPOGRAPHIE

NOIZETTE, DIRECTEUR

8, RUE CAMPAGNE-PREMIÈRE, 8

—

1889

LA

Société étrangère

en Chine

Par A.-A. FAUVEL

Ancien fonctionnaire des Douanes chinoises

(Extrait de *Samedi-Revue*.)

PARIS

IMPRIMERIE DE LA SOCIÉTÉ DE TYPOGRAPHIE

NOIZETTE, DIRECTEUR

8, RUE CAMPAGNE-PREMIÈRE, 8

1889

LA SOCIÉTÉ ÉTRANGÈRE EN CHINE

Depuis quelques années, la Chine est à l'ordre du jour: Elle a été étudiée sous tous ses aspects par les anciens missionnaires, les voyageurs sérieux ou les *globe trotters* et *last but not least* par les Chinois de bonne marque. Nous avons tous lu les *Chinois peints par eux-mêmes* de l'aimable général Tcheng-Ki-Tong, étude très flattée, comme on doit s'y attendre de la part d'un patriote aussi chauvin.

Dans tous ces livres on s'est complu à décrire le pays et ses habitants sous toutes leurs faces. Mais, par contre, la société européenne en Chine a été à peu près complètement laissée dans l'ombre. Nous allons essayer de remplir un peu cette lacune.

On peut diviser les résidents étrangers en trois catégories : le monde officiel, le monde commerçant et les missionnaires.

Le monde officiel nous conduit tout naturellement à Pékin où se trouvent les ambassades ou légations des principales puissances. La capitale n'étant pas ouverte au commerce, les marchands n'y ont pas de représentants. En dehors du personnel des légations sont seuls admis à résider à *Shun-tien fou* (nom officiel de Pékin) , les membres de l'Inspectorat étranger des Douanes Chinoises ; les missionnaires des diverses religions, le directeur d'une succursale de la banque de HongKong et Shanghaï : et deux hôteliers, l'un français, l'autre allemand.

Cette petite colonie habite d'anciens hôtels mandarinaux dits *Yamens*, comme les légations de Russie, de France et d'Angleterre, ou de simples maisons chinoises transformées en remplaçant les châssis garnis de papier par des fenêtres à vitres, et rendues chaudes par la construction de plafonds et de planchers, et la substitution de poêles et de cheminées à l'antique brasero chinois. Ainsi sont logés les missionnaires et les professeurs européens de l'Université étrangère. Enfin on a réussi à construire à grands frais plusieurs maisons sur des plans venus d'Europe, telles : la légation d'Allemagne qui fut la première, les maisons des missionnaires américains et le palais de l'Inspecteur des Douanes.

Quant à la vie matérielle il a fallu la modifier sensiblement. En 1872 on ne mangeait en fait de pain que de lourds gâteaux de farine de maïs et de millet ou des boules de pain azyme cuites à la vapeur d'eau. Un gendarme de la légation de France apprit aux chinois à faire du pain à la française et depuis 1875 on cuit le pain dans chaque maison ou bien on l'achète à un boulanger chinois qui importe de la farine américaine de San-Francisco. Comme les indigènes ne mangent pas de bœuf, il fallut créer aussi une boucherie, on fit encore venir des pommes de terre d'Angleterre ainsi que des graines de légumes européens, et les jardiniers de la capitale se mirent bien vite à cultiver ces légumes étrangers pour les vendre un bon prix aux résidents. L'eau étant très mauvaise à Pékin, dont le sol est chargé de nitre et de soude, on va la chercher dans les montagnes des environs ou bien l'on coupe les vins de France avec des eaux minérales importées d'Europe. Les Anglais boivent le *pale ale* et le *stout* comme à Londres. Les produits consommés par les étrangers en Chine n'étant pas frappés de droits d'entrée et les commerçants chinois s'étant mis à les importer et à faire concurrence aux étrangers pour ces commerces, on trouve maintenant à s'approvisionner à Pékin, comme à Shanghaï et dans les ports ouverts, de toutes nos conserves alimentaires, vins et liqueurs et cela à moins de frais quelquefois qu'à Paris où il nous faut payer douane, octroi, commission, etc., etc.

Les Chinois ont fondé à Pékin plusieurs maisons où l'on trouve tout cela à très bon compte ; malheureusement pour les petites bourses, il n'est pas considéré comme de bon ton de se fournir chez le Chinois. Aussi la plupart des résidents étrangers à Pékin font-ils venir directement d'Europe ou d'Amérique leurs vins et leurs conserves, ou bien s'en fournissent à Tientsin ou à Shanghaï, dans les grands bazars étrangers dits *stores*. C'est aussi là qu'on s'adresse pour le vêtement. A chaque saison, un commis voyageur des grandes maisons de Shanghaï arrive à Pékin avec un stock considérable d'échantillons de toutes sortes. Il expose tout son bazar dans un local particulier, à l'hôtel français ou allemand et l'on fait ses commandes jusqu'à la saison nouvelle. Les tailleurs chinois copient admirablement d'après un bon modèle, ils vous vendent au besoin l'étoffe elle-même et, comme ils se contentent d'un léger bénéfice, on peut ainsi se faire habiller à très bon marché.

En se fournissant dans les grands magasins de Shanghaï on paie un peu plus cher que chez le Chinois et c'est le patron européen qui profite de cette taxe sur l'amour-propre de ses compatriotes, car il emploie toujours des Chinois pour tailleurs, modistes, etc.

Malgré cela, la vie européenne en Chine est quatre fois plus chère qu'en Europe. Cela vient surtout de ce que les Anglais, les premiers arrivés dans le pays, y ont, pour employer une expression vulgaire, « gâté le marché ».

Il y a vingt ou trente ans les premiers étrangers fai-

saient avec la Chine des affaires d'or, l'argent affluait
dans leurs coffres ; on le dépensait sans compter. Les
prix sont restés les mêmes, mais les affaires passant
chaque jour de plus en plus dans les mains des Chinois, les bénéfices ont diminué graduellement et sem-
blent devoir continuer sur cette pente terrible. Trop
orgueilleux pour changer leur manière de vivre, les
étrangers ont pris en haine leurs concurrents jaunes
et préfèrent aujourd'hui acheter très cher en Europe,
ou dans les maisons européennes, que de patronner
les Célestes. Puis ce même sentiment les fait garder
un personnel de domestiques dont ils ne veulent ni
peuvent se passer. Les prix sont faits, les Chinois
n'en démordent pas et il faut toujours payer un bon
cuisinier 20 dollars par mois, une nourrice 30 et
40 dollars, suivant qu'elle est nourrice sèche ou *wet-
nurse*, un palefrenier, un *boy* de 10 à 15 dollars ; si nous
ajoutons à cela quelques coolies pour les gros ouvrages à 4 dollars, un veilleur de nuit, un portier, etc,
on arrive facilement à une douzaine de domestiques
pour une maison très modeste, composée d'un ménage
et d'un ou deux enfants. L'usage veut en effet qu'on
ait un *boy* ou valet de pied pour chaque personne,
une *amah* ou femme de chambre pour chaque dame
ou une nourrice pour chaque enfant. On arrive ainsi
facilement à une note de 85 à 100 dollars par mois
soit 4.000 à 4.800 francs par an rien que pour les domestiques indispensables. D'un autre côté, le médecin
européen demande au moins 10 *taëls*, soit 70 francs,
par visite, à moins que vous ne préfériez prendre un
abonnement annuel pour 500 francs, moyennant quoi
il soignera toute votre famille, exclusion faite des opérations et accouchements. Le pharmacien, dont les
drogues se gâtent vite dans ce climat, en prend excuse
pour vous faire payer tout au poids de l'or et s'associe
souvent avec le médecin. L'argent n'étant pas monnayé,

on ne se sert, dans les transactions avec les étrangers, que de piastres mexicaines dont les coupures sont inconnues, et l'on ne paie jamais moins de 1 dollar pour le moindre remède ou le plus simple bibelot. En un mot la vie coûte quatre fois plus cher en Chine qu'en France. Les obligations sociales, réceptions, charités, souscriptions forcées et fréquentes pour un bal, les courses, etc., tout cela augmente considérablement les frais généraux. On considère qu'il est difficile de vivre dans la société sans faire de dettes, à moins d'avoir une situation de 10.000 francs par an ; aussi était-ce là, en 1872, le chiffre des appointements de tout jeune employé, arrivant pour commencer sa carrière dans les banques, les maisons de commerce ou les douanes chinoises ; seuls les élèves interprètes de la légation d'Angleterre étaient moins payés. Par contre leur ministre touchait 150.000 francs par an ; et celui de France près de 100.000 francs. Ces appointements ont été réduits depuis et sir Robert Hart, l'Inspecteur général des Douanes chinoises, continue seul à toucher des émoluments représentant 15.000 livres sterling, soit 375.000 francs par an.

Bien que le nombre des résidents étrangers à Pékin ne dépasse guère deux centaines et qu'on soit obligé de vivre dans la ville la plus sale du monde, on ne s'ennuie pas trop dans la mal odorante capitale de l'Empire Céleste. Les membres de la société étrangère étant presque tous jeunes et fort occupés par leurs travaux diplomatiques, linguistiques, de professorat ou d'évangélisation, les heures passent sans ennui. Le dimanche seulement est un peu pénible quand le temps ne permet pas les longues excursions à cheval.

En général on sort de 4 heures à 6 heures pour faire des visites ou une promenade à pied sur le mur de Pékin, c'est le seul endroit où l'on ne soit pas bousculé par la foule à qui l'accès en est interdit. On monte aussi beaucoup à cheval et chacun peut se payer ce plaisir à bon marché. En effet, un solide poney à demi-sauvage, arrivant des plaines de Mongolie, se paie de 30 à 50 dollars. Un cheval de course atteint quelquefois jusqu'à 100 dollars. La nourriture de ces chevaux qui se compose de paille de sorgho hachée et de féverolles cuites, coûte 4 dollars par mois, ajoutez 4 dollars pour le *mafou* (palefrenier) et voilà votre écurie montée à peu de frais. Aussi le moindre élève interprète est-il propriétaire d'un cheval de selle, promenade ou *hack*, et souvent d'un cheval de course (*racer*). C'est qu'en effet, comme partout où il y a quatre Anglais, on trouve à Pékin un champ de course où l'on engage chaque année d'assez fortes sommes sur *Black satin*, *Froufrou*, et autres fameux chevaux du turf pékinois.

***

La première légation établie dans la capitale fut celle de Russie. Nous y avons connu successivement le général Wlangali et M. de Butsow. Ce dernier était un collectionneur émérite et il eut la chance extraordinaire d'acheter un jour, pour la somme dérisoire d'une dizaine de taëls, à un malheureux Européen, qui le tenait lui-même d'un pauvre Chinois, un magnifique saphir gravé en Italie par un artiste de talent. Cette pierre d'origine mongole, ornée d'une madone, est historique ; elle provient de l'anneau du célèbre P. Verbiest, un des savants astronomes envoyés par Louis XIV à l'empereur Kanghsi et le fondateur du tribunal des mathématiques et de l'observatoire de Pékin. Le médecin de cette légation fut, pendant près de quinze ans, le Dr Bretschneider, naturaliste et linguiste distingué. Il a publié sur Pékin et ses environs des notes archéologiques de valeur. Ses travaux sur la flore du nord de la Chine sont bien connus ; pendant les chaleurs torrides de l'été pékinois il avait la singulière habitude de travailler *in nudibus*.

M.Backmetieff, alors secrétaire de cette légation et qui a depuis passé par celle de Paris, est, paraît-il, un des descendants du fameux Gengis-Khan. Linguiste distingué, comme tous les Russes de bonne société, il connaissait ses classiques français mieux que certain secrétaire de la légation de France à cette époque.

Aux premiers ministres de France à Pékin MM. de Bourboulon, Berthemy, de Bellonet, avait succédé en 1870 M. R..., qui se battit en duel dans le jardin de la légation avec son secrétaire M. de Montbel. Les Chinois, grimpés sur les murs, considéraient avec étonnement cette nouvelle méthode de régler les questions diplomatiques. Vint ensuite M. Brenier de Montmorand, ministre à poigne. On se rappelle à Shanghaï le coup d'état qu'il y fit comme consul général. Le Conseil municipal ayant refusé de signer je ne sais plus trop quel document, au sujet de la police, il fit mettre sous clef chacun de ses membres et ne leur rendit la liberté que lorsqu'ils eurent acquiescé à ses volontés. Ce ne fut pas long, vingt-quatre heures tout au plus ; le Conseil se plaignit en France, mais le gouvernement impérial soutint le consul. On a conservé en Chine le souvenir de ses charmantes filles dont l'une épousa à Shanghaï M. Brenier, alors inspecteur des messageries maritimes et aujourd'hui sous-directeur de cette compagnie à Marseille ; une autre se maria à M. Verny, brillant ingénieur qui fonda au Japon l'arsenal de Yokoska.

Entre autres ministres de France nous avons aussi connu à Pékin en 1872 M. de Geoffroy, marié à la fille d'un riche banquier de New-York. Il avait amené avec lui de France un piquet de gendarmes montés en chevaux arabes pour imiter la légation d'Angleterre qui avait aussi une escorte militaire venue des Indes.

M. de Geoffroy ne faisait jamais de visites dans la ville sans être accompagné d'au moins quatre de ces gendarmes à cheval. Cela lui donnait grand air et imposait le respect aux Chinois très admirateurs de la pompe officielle. On sait en effet que leurs propres mandarins ne sortent jamais qu'accompagnés d'une foule considérable de gardes et de gens de service. Cette mesure était donc excellente pour relever le prestige de la France ; malheureusement des questions budgétaires la firent promptement abandonner.

Au commencement de l'imbroglio tonkinois nous avions comme ministre plénipotentiaire en Chine M. Bourée. Pour solution de cette question difficile, il avait élaboré le fameux traité qui porte son nom et qui, établissant une zone neutre entre le Tonkin et la Chine, eût certainement arrêté la guerre et assuré la possession calme et indisputée de notre conquête si l'on n'avait pas perdu la tête au moment de l'incident de Bac-Le. M. Bourée fut sacrifié, on le rappela en France où il resta en disponibilité pendant quelques années.

M. de Sémallé, premier secrétaire, lui succéda momentanément comme chargé d'affaires. Il envoya sur l'armée chinoise du nord d'excellents documents. Mais on n'en voulut tenir d'abord aucun compte, on l'accusait de s'effrayer beaucoup trop de l'armée de Li-Hung-Chang dont on contestait même l'existence. « Alors montez à Pékin », écrivait-il. On lui répliqua que cela présentait de trop grandes difficultés à cause de l'armée du nord ; singulière façon de raisonner et de mener une campagne. Il fut sacrifié à son tour, rappelé et mis en disponibilité.

On se décida à bombarder les ports : M. Tricou fut envoyé en Chine soutenir une politique d'intimidation. Il résida à Shanghaï où il fit venir le vice-roi Li-Hung-Chang pour le menacer de toutes les foudres de la

République. L'interprète chinois du vice-roi, le fameux Ma-Kien-Chong, l'auteur des faux dans le traité Fournier, lui répliqua en bon français : « *La République française, qu'est-ce que c'est que ça ? la Chine s'en moque pas mal.* » Le lendemain Li-Hung-Chang, abandonnant les négociations, quittait Shanghaï, laissant M. Tricou faire, sans la déclarer, un guerre de représailles.

Enfin M. Patenôtre vint ; il s'amusa beaucoup à Shanghaï, mais ne put amener aucune solution tant il parut pusillanime en comparaison de son trop énergique prédécesseur.

Foutcheou fut bombardé et le blocus des ports du nord décidé, malgré l'opposition des Anglais. Sir Robert Hart, fatigué de voir le commerce britannique anéanti et les revenus des douanes compromis par une guerre qui semblait interminable, s'interposa enfin. Il chargea son représentant à Londres. sir J.D. Campbell, d'aller à Paris offrir au gouvernement français un traité de paix bien inférieur au traité Bourée et au traité Fournier, mais qu'on accepta cependant, les Chambres refusant de continuer plus longtemps la politique opportuniste.

Puis on vit à Pékin M. de Cogordan qui signa le plus singulier traité de commerce que l'on puisse imaginer ; le général Chanoine lui succéda. Enfin vint un ministre bien différent des anciens, M. Constans, dont les formes toutes démocratiques n'étaient guère faites pour inspirer aux Chinois une haute idée de notre politesse française. Il apporta avec lui force cadeaux destinés à renouer les liens de bonne amitié avec les autorités chinoises. On lui en renvoya quelques-uns sans qu'il s'en formalisât outre mesure. Il obtint à grand'peine le règlement de quelques questions pendantes. Fougueux partisan de l'article 7, il se fît pourtant en Chine le champion des missionnaires, même jésuites,

et passa pour un homme très rond et très débrouillard.
Au point de vue social il fut peu apprécié de ses collègues des autres légations. Le *Figaro*, dans un *Tout-Paris*
intitulé : *Une mission*, nous a entretenu de quelques
bonnes scènes qui eurent lieu alors à la légation de
France.

Aujourd'hui nous avons pour ministre à Pékin
M. Gabriel Lemaire, qui est en Chine depuis l'âge de
dix-sept ans et passe à juste titre pour un des meilleurs
interprètes de la langue chinoise qu'il connaît à fond
et dont il a préparé une méthode de style épistolaire
encore inédite. Sa charmante femme reçoit fort bien.
Elle a eu autrefois à Shanghaï, où son mari fut consul
général, de nombreux succès mondains.

Parmi les attachés de la légation de France nous
avons eu aussi M. G. Dévéria, fils du peintre bien
connu. Il possède un fort joli talent d'aquarelliste et il
a fait paraître dans le *Tour du monde*, sous le pseudo-
nyme de Choutzé, un article fort intéressant et très bien
illustré, intitulé « Pékin et le Nord de la Chine ». Nous
ne comprenons pas comment ce consul général, secrétaire interprète du gouvernement, n'a pas encore pu
obtenir la chaire de chinois au collège de France. Ce
poste est en effet confié depuis la mort du dernier titu-
laire (M. Klezkowski) à un tout jeune suppléant n'ayant
passé que fort peu de temps en Chine et qui doit sa
position à ses alliances politiques.

Si nous avons eu depuis vingt-sept ans à la légation de
France de Pékin une nombreuse série de représentants,
tant ministres plénipotentiaires que chargés d'affaires
ou des affaires, il n'en est pas de même à l'ambassade
d'Angleterre où, dans ce même espace de temps, l'on
n'a compté que trois ministres, savoir : sir Thomas
Wade (1871-1882), sir Harry Parkes (1883-1885) mort à
Pékin, et le ministre actuel sir John Walsham. C'est
qu'en effet, les Anglais se rendent compte de l'intérêt

considérable qu'il y a dans un pays comme la Chine, à imiter le gouvernement de l'empire et à conserver aussi longtemps que possible les mêmes hommes à leur poste. Aussi le service consulaire anglais est-il admirablement organisé pour l'éducation pratique de ses membres. Ils font toute leur carrière dans le pays où ils sont appelés à représenter leur patrie. Ils y arrivent comme élèves interprètes vers l'âge de dix-huit à vingt ans. Pendant trois années au moins, ils étudient la langue chinoise à la légation et passent de fréquents examens. De là, lorsqu'ils ont conquis leur diplôme d'interprète, ils sont envoyés dans les divers ports de l'Empire Chinois comme élèves consuls. Gravissant peu à peu les degrés de la hiérarchie, ils arrivent consuls et peuvent même viser plus haut comme sir Thomas Wade et sir Harry Parkes qui commencèrent ainsi leur carrière.

Il est absolument nécessaire d'être à même d'interpréter la langue, la plus difficile qui existe, surtout quand il s'agit de discuter avec les mandarins dont les citations constantes des classiques chinois sont incompréhensibles pour ceux qui n'ont pas une teinture suffisante de la littérature ancienne. Comme de pareilles études demandent des années, et que tout bon linguiste doit travailler le chinois toute sa vie, les Anglais ont constitué un corps spécial pour la Chine. Aussi ne voit-on pas un bon interprète chinois envoyé comme consul en Tunisie, aux Etats-Unis ou en Australie et inversement, ainsi que cela arrive trop souvent dans le corps consulaire français. Par une rare exception, notre ministre actuel à Pékin, M. G. Lemaire, est le seul qui ait fait sa carrière en Chine, et avant lui nul ministre français sauf M. Kleczkowski ne savait la langue du pays.

Sir Thomas Wade, aujourd'hui professeur de chinois dans une Université anglaise, a publié une excellente méthode pour apprendre cette langue qu'il ne parlait cependant qu'avec peine à cause d'un défaut de prononciation. Je le trouvai un jour dans un état violent parce que des maçons, auxquels il avait soigneusement et péniblement expliqué ses plans, avaient compris et exécuté tout le contraire.

Très simple et très modeste, sir Thomas sortait toujours seul, à pied dans la boue et la poussière des rues de la capitale, alors que le moindre de ses élèves interprètes était toujours à cheval. Il est vrai qu'il détestait ce noble animal au point de défendre aux jeunes gens de sa légation de monter dans les courses.

Ceux-ci ne manquaient pas de désobéir à ses ordres, et sir Thomas, ayant un jour accepté l'invitation du *Racing-club,* eut l'humiliation de voir, attachés et élèves interprètes, parader sur le champ de courses à son nez et à sa barbe. Ils savaient bien qu'en cas de punition le gouvernement de la Reine les absoudrait de pratiquer le sport national. Cette antipathie pour la représentation et l'équitation fut la cause d'une pénible aventure qui faillit presque lui coûter la vie et dans laquelle, pour employer une expression chinoise, il *perdit la face,* au simple comme au figuré. S'étant aventuré seul et à pied dans un des quartiers populaires, il fut insulté par un groupe d'hommes du peuple qui le traitèrent de « diable étranger » (*Yang-kuei-tzeu*), « d'homme à poils rouges » (*Houng-mao-jen*) et autres aménités de ce genre. Sir Thomas, peu patient de sa nature, se fâcha et menaça ses insulteurs de toutes les foudres d'Albion et du *Tsung-li-Yamen.* Mais ceux-ci, voyant un modeste piéton se targuer d'être l'ambassadeur d'Angleterre, alors que le plus humble de leurs mandarins ne sort que dans son plus bel uniforme, à cheval ou en chaise à porteurs, le traitèrent d'imposteur et passant de *verba ad verberis* ils brandirent leurs bambous de portefaix et l'assommèrent à moitié pour lui apprendre à jouer au ministre. Sir Thomas rentra chez lui la figure en sang et cette affaire alla jusqu'au ministère des affaires étrangères qui répondit, assez justement d'ailleurs, que les malheureux coolies ne pouvaient s'imaginer avoir affaire à un ministre d'Angleterre et avaient péché par ignorance. C'était assez habilement répondu et vraisemblable ; l'affaire en resta là. Nous avons parlé des élèves interprètes de la légation d'Angleterre, les futurs consuls. Ils sont choisis après un examen sérieux en Angleterre. Ces examens dits du *Civil Service* correspondent à peu près comme importance à nos examens de l'école polytechnique, les heureux vainqueurs jouissant dans leur pays d'une haute considération. Mais l'examen n'est pas suffisant, de grandes protections sont aussi nécessaires et assurent aux services consulaires une classe choisie, devant noblement et dignement représenter le pays. On voulut un jour démocratiser ce service en n'admettant plus que le concours pur et simple. On obtint de cette façon une promotion de jeunes gens supérieure, au point de vue de l'instruction et de la science, mais absolument inférieure, au point de vue des manières et du savoir-vivre. Elle était si peu au courant des usages sociaux et de la bonne tenue que leurs collègues des douanes l'avaient baptisée la ménagerie. On s'aperçut vite au *Foreign Office* que l'on faisait fausse route et l'on en revint au choix après examen. Ils sont en général près d'une douzaine à la légation où ils constituent une sorte de collège. Ils y ont fondé un club où l'on trouve des allées de *Bowling* américain (sorte de jeu de quilles) fort suivies chaque hiver ; ils donnent aussi à la société étrangère une ou deux représentations théâtrales dans les salons de leur club. Enfin, comme nous l'avons dit, ils composent la majorité des *gentlemen-riders* du turf pékinois.

Parmi les membres distingués des autres légations nous avons connu à cette époque, à la légation d'Amérique, M. Wells Williams, ex-missionnaire. Sinologue aussi distingué que son collègue d'Angleterre, il a composé un énorme dictionnaire chinois-anglais fort estimé et qui ne le cède qu'à celui que publie en ce moment à Shanghaï le P. Zottoli, S. J. Son successeur, M. Low, fut loin d'être à sa hauteur et méritait vraiment son nom si l'on en juge par ses manières plébéiennes à la Yankee. Je le vis un jour à la porte du salon de sir Thomas Wade placer l'index sur la narine droite et soufflant bruyamment, débarrasser ses muqueuses nasales à la chinoise et sans mouchoir. M. Seward, qui vint après, fut poursuivi pour concussion et pour avoir vendu le pavillon américain à des jonques de commerce chinoises.

Ce fut vers cette époque que la Hollande établit sa légation à Pékin, mais le ministre, l'honorable M. Fergusson, un ancien officier de marine, préférait résider au bord de la mer à Chefoo. Vivant modestement et sans faste, il élevait sérieusement ses enfants dans la froide étiquette protestante des Pays-Bas. Recevant très peu, travaillant beaucoup, il a publié un Code sur les rapports internationaux.

La légation d'Espagne eut alors un ministre qui s'appelait *de Espana*. Il mourut à Pékin victime de son amour pour les chevaux fringants. Une dame l'ayant un jour défié de monter un cheval difficile, il le fit par bravade et, dans une chute malheureuse, se brisa la colonne vertébrale. Galant homme dans toute l'acception du mot, il fut très regretté.

L'Allemagne, représentée d'abord par un M. de Bismarck, a pour ministre, depuis 1876, M. Von Brandt homme très remuant et qui travaille avec persévérance à augmenter l'influence allemande. A l'encontre de nos ministres, mais à l'exemple de ses collègues d'Angleterre et d'Amérique, il s'occupe beaucoup des questions commerciales et défend avec énergie les intérêts de ses nationaux. Grâce à lui, les Allemands ont conquis en Chine une situation qui progresse chaque jour. Au point de vue politique il a su profiter habilement de nos fautes et a fait entrer dans l'armée et dans les Douanes chinoises un certain nombre de ses compatriotes.

***

En dehors des légations, la tête de la société étrangère est tenue à Pékin par l'administration des Douanes Impériales Maritimes Chinoises dont le grand chef, l'Inspecteur Général, sir Robert Hart, reçoit beaucoup. Pendant la saison, ce sont, chaque semaine, des bals ou des *garden-parties* ; des comédies de société où le sévère sir Robert daigne quelquefois prendre un rôle de comique. Il est le seul à Pékin qui fraye un peu avec la société chinoise et encore est-ce dans le monde très restreint des ministres du Tsung-li-Yamen. On prétend qu'il a été dernièrement appelé au palais où l'empereur désirait faire sa connaissance : si le fait est vrai, ce serait le premier européen qui y soit entré depuis l'ambassade Macartney. L'Impératrice régente vient de l'anoblir jusqu'à sa troisième génération antérieure en récompense de ses services. Les collaborateurs de sir Robert sont des commissaires des Douanes dont les femmes font les honneurs de son salon depuis que lady Hart a quitté la Chine (1882) pour se dévouer plus efficacement en Europe à l'éducation de ses trois enfants. Cette femme très distinguée à eu le courage d'apprendre le chinois comme un simple élève interprète.

Les dames, assez nombreuses, se voient beaucoup entre elles et reçoivent fort bien. Aussi la vie des résidents étrangers, sans être fort gaie, est loin d'être triste. Pendant les chaleurs de l'été on s'établit en villégiature dans les temples situés au nord de la capitale sur le versant des montagnes. Le paysage y est charmant et la vie agréable, loin de la poussière et des odeurs terribles de Pékin. Pendant l'hiver, on a aussi la ressource du patinage.

*
* *

Après le personnel des légations et de la douane viennent les missionnaires qui composent à eux seuls la moitié de la population étrangère. En effet, la population des légations, de la douane et du collège comprend environ 110 personnes, et le total des missionnaires se monte à près de 92 : (21 catholiques (Lazaristes), 33 sœurs de charité de Saint-Vincent-de-Paul, 3 religieux grecs, et 35 missionnaires protestants dont 15 femmes.) Ceci donne un total de 202 étrangers environ.

Les Russes possèdent, dans l'angle nord-est de la ville tartare, un petit couvent où résident 3 religieux grecs qui avaient à leur tête, il y a encore quelques années, l'archimandrite Palladius. Sinologue distingué, il a publié des travaux originaux et des traductions de haute valeur sur l'histoire chinoise. On trouve aussi dans ce couvent un petit observatoire météorologique qui a été longtemps sous la direction d'un savant astronome russe, M. Fritsche, auquel on doit de nombreuses observations climatologiques et des relevés géographiques importants en Chine, Mongolie et Sibérie. Les missionnaires russes furent les premiers à Pékin où un empereur les avait autorisés à résider pour offrir les consolations de leur religion à un certain nombre de prisonniers de guerre internés dans la capitale.

Après eux vinrent les missionnaires jésuites qui fondèrent le tribunal des mathématiques et le fameux observatoire dont les instruments encore existants sont des merveilles de bronze fondu et ciselé. Après l'expulsion des jésuites, les prêtres de la *Congrégation de la Mission*, plus connus sous le nom de Lazaristes, recueillirent leur héritage. Fort instruits, ils sont très bien vus dans la société de Pékin. Tout le monde a entendu parler des voyages de l'abbé Armand David dont les découvertes en histoire naturelle firent tant de bruit il y a une quinzaine d'années. Il avait fondé à la résidence du Pétang un musée dont les collections ont été acquises dernièrement par le gouvernement chinois lors du transfert de cette résidence à l'impératrice régente. M. l'abbé David, dont la santé était fortement ébranlée par les fatigues de ses voyages, a dû rentrer en France où il continue ses travaux de naturaliste. Un des hommes les plus remarquables de cette mission est l'abbé Favier. A la fois missionnaire, musicien, architecte et diplomate, il s'est montré aussi distingué que capable dans chacune de ces attributions. Arrivé en Chine en 1862 il ne l'a quittée que deux fois, vers 1882 et récemment (1886). Dans cette dernière occasion il était chargé d'une mission diplomatique fort délicate motivée par l'affaire dite du *Légat*. Grâce à son tact et à son expérience des affaires chinoises il réussit à déjouer les plans d'un certain intrigant anglais nommé Dunn qui avait su s'imposer à Li-Hung-Chang et se faire son mandataire auprès du pape. La Chine voulait arracher à la **France** son prestige de protectrice des missionnaires catholiques. Poussée par l'Allemagne, l'Angleterre et surtout par l'Italie, elle s'efforçait de faire nommer un représentant officiel du Saint-Siège à Pékin. Le P. Favier réussit à déjouer ces plans et à faire prévaloir pour quelque temps encore la suprématie de la France.

Il fut également chargé des négociations concernant la cession au gouvernement chinois de la cathédrale du Pétang construite en 1865, et des terrains attenants. Il eut à lutter en cette affaire contre les prétentions de la légation de France qui voulait absolument être l'intermédiaire officiel et nécessaire, le notaire intéressé de cette transaction. On comptait ainsi se faire une arme contre les Chinois des revendications des missionnaires, afin d'obtenir plus facilement le règlement de questions politiques pendantes. Puis en faisant reconnaître les terrains des Lazaristes comme propriété de la France on comptait les tenir en main soumis et tremblants et les expulser au besoin. L'abbé Favier faillit à son retour de France, novembre 1886, être arrêté à Tientsin par les marins de la canonnière française laquelle devait le rapatrier d'office. Ordre en avait été donné au consul par M. Constans, furieux d'apprendre que Li-Hung-Chang avait nuitamment fait venir le missionnaire à son Yamen pour conférer directement avec lui en se passant de l'intermédiaire de la légation. Le vice-roi avait, par contre, donné l'ordre à ses soldats de reprendre *manu militari* le P. Favier aux mains des marins français, si ceux-ci se hasardaient à l'arrêter. Au sortir de l'entrevue, il fut escorté par ces soldats sur la route de Pékin où il arriva sans encombre, bien que sans passeport consulaire, ayant ainsi passé à la chinoise entre les mailles du filet tendu pour le prendre. Il put soutenir victorieusement ses prétentions et obtenir un règlement très avantageux de la question de cession. Comme autrefois à Tientsin où il avait remplacé le consul de France, M. Fontanier après le massacre de 1870, il s'acquitta à merveille de ses fonctions nouvelles, puis, déposant la plume pour reprendre le compas et le marteau d'architecte, il construisit, en une année, la nouvelle cathédrale du Nord, le nouveau Pétang avec un séminaire, une résidence pour les missionnaires, une école et des maisons d'habitation pour les sœurs de charité, etc. Ces constructions ne le cèdent en rien au consulat de Tientsin et à l'église du Tung-Tang également bâtis sur ses plans et sous sa direction (1). La société toute entière de Pékin, grecque ou protestante, se plaît à reconnaitre les qualités sociales et l'instruction des Lazaristes qui se montrent les dignes successeurs des savants jésuites du xviiie siècle.

Les missionnaires protestants ne vinrent à Pékin que beaucoup plus tard. Ils y sont représentés par six sociétés différentes dont deux sont américaines. Ces diverses sociétés appartiennent à l'Eglise d'Angleterre, et aux sectes épiscopale, presbytérienne et méthodiste. Leurs membres ont souvent abandonné leur mission pour entrer dans le service consulaire, ou le service de la douane chinoise. C'est qu'en effet bien différents des missionnaires catholiques, les protestants viennent en Chine pour s'y faire une carrière et y gagner de l'argent autant et plus que des âmes. Aussi rien d'étonnant à ce qu'ils abandonnent leur société dès qu'ils trouvent dans le monde officiel ou même commercial une position plus rétribuée et plus relevée. Les Anglais eux-mêmes ont peu de considération pour leurs missionnaires dont ils connaissent trop bien l'extraction vulgaire, le manque d'instruction et le côté vénal. Les moins considérés sont les missionnaires américains ; pour la plupart ils sortent des derniers rangs de la société. J'en ai connu qui avaient été cordonniers et menuisiers dans leur pays. La grâce les avait touchés et, pris soudainement d'un beau zèle, forts de l'exemple des apôtres, ils s'étaient crus capables d'aller prêcher l'Evangile aux païens. La

---

1. L'abbé A. Favier vient d'être décoré des palmes d'officier d'académie (5 mai 1889). Li-Hung-Chang lui avait déja octroyé le bouton bleu de mandarin.

comparaison s'arrête là malheureusement, car ils sont bien et dûment payés pour exercer leur saint ministère et cela constitue pour eux une situation autrement lucrative que leur ancien métier. En Amérique comme en Ecosse on donne beaucoup pour les missions et les charitables donataires ne connaissent guère l'emploi qui est fait de leurs aumônes destinées aux pauvres Chinois.

On a longtemps ri à Pékin de certain missionnaire Yankee. Très fier de sa nationalité, mais fort ignorant du génie de la langue chinoise, il avait voulu impressionner les populations et annoncer à tous, en grands caractères au-dessus de la porte de son église, qu'il ne fallait pas la confondre avec les autres temples anglais ou écossais. Or voici ce qu'il avait écrit en renversant innocemment l'ordre des lettres et par suite le sens : Église du grand Jésus américain (*Ta mei kuo Yesou tang*). Puis pour édifier ses coreligionnaires en Amérique, il écrivait pompeusement qu'avec leurs riches aumônes il avait construit un magnifique temple au Seigneur et s'était logé dans une misérable maisonnette élevée avec les quelques briques restant des travaux. Or tout le monde pouvait constater que c'était exactement l'envers de la vérité. Suivant en cela l'exemple des missionnaires protestants en Chine, il avait une fort belle et confortable habitation. Ces missionnaires vont prêcher en plein air dès qu'ils connaissent quelques mots de la langue vulgaire, la plupart du temps dans un chinois détestable qui fait sourire leurs auditeurs peu accoutumés d'ailleurs à ce mode de conversion (1). Leur grand moyen de diffusion est la distribution de milliers de Bibles et de *tracts* dont, la

---

1. L'un d'eux dans une conférence à Londres émettait tout dernièrement l'opinion (fort erronée) que l'on peut apprendre suffisamment le chinois, pour prêcher cette langue, en une année.

plupart du temps, la traduction en chinois littéral, mais non littéraire, est incompréhensible pour le peuple. Celui-ci est, en effet, beaucoup trop matériel et même trop peu lettré pour comprendre la beauté et la poésie des livres sacrés ainsi travestis. Mais comme ils touchent une remise de tant pour cent sur le nombre de bibles écoulées, nos enragés prédicants distribuent à outrance. L'un d'eux, pour aller plus vite, jeta un jour tout le contenu de ses caisses dans une *rivière du Shantung*, chargeant ainsi le courant de disséminer la bonne nouvelle. Comme les Chinois n'apprécient que ce qu'ils paient ils employaient souvent ces livres imprimés sur bon papier et en beaux caractères à tapisser les murs de leurs maisons, d'autres moins respectueux et plus pratiques en faisaient des semelles à leurs souliers. (On sait en effet que les semelles, en Chine, sont en papier.) Aussi pour prévenir cet abus et récolter en même temps un honnête pécule, les protestants font maintenant payer une légère somme leurs productions littéraires.

Si l'on en croit leurs rapports annuels ils feraient chaque année un nombre considérable de conversions. Mais il faut prendre ces statistiques *cum grano salis*. Les convertis dont ils se targuent ne sont pour les trois quarts que des convertis temporaires. Le Chinois du peuple, le seul auprès duquel on puisse avoir accès, est très malin et très intéressé. Parfaitement sceptique en matière religieuse il n'est que superstitieux. Il se convertit facilement en apparence au culte protestant parce qu'il y trouve un avantage matériel. En effet les missionnaires protestants paient généralement les Chinois pour les décider à venir assister à leur prêche ou à peupler leurs écoles. C'est ainsi que j'ai vu une charmante rivalité entre ministres presbytériens écossais et méthodistes américains. L'école tout entière abandonnant les uns pour aller aux autres quand ces derniers donnaient quelques sapèques de plus que les précédents. Puis la religion protestante est si facile ! on les baptise, ils lisent la **Bible,** voilà des convertis ! Les Anglais de bonne foi reconnaissent parfaitement tout cela et le chanoine Taylor nous a édifiés sur l'inanité et l'inutilité des missions protestantes dans un fameux article publié en octobre dernier par la revue anglaise *Fortnightly Review* sous le titre très explicite de « La grande inutilité des missions protestantes (1) ». Par contre ils rendent hommage au dévouement et aux succès de nos missionnaires qui sont d'ailleurs beaucoup plus respectés par les Chinois eux-mêmes. Ceux-ci en effet se rendent parfaitement compte de la différence. Auprès des missionnaires catholiques ils ne trouvent certes pas l'aide pécuniaire et matériel que peuvent leur offrir les protestants, mais par contre, ils voient leur dévouement absolu, leur affection non partagée puisqu'ils n'ont avec eux ni femmes ni enfants. Le *Shen-Fou* (saint père) vit de leur vie et de leurs privations, habillé comme eux, logé comme eux, partageant avec eux son dernier sac de riz et sa dernière ligature de sapèques ; il meurt à leur service sans avoir amassé de richesses, satisfait d'un misérable cercueil chinois et d'une pauvre pierre tumulaire, pourvu que la croix y soit gravée. Je dois cependant à la vérité de dire que j'ai connu, à Pékin et dans les provinces, quelques rares missionnaires protestants d'une éducation soignée, d'une instruction supérieure et animés d'un véritable zèle évangélique aussi sincère que désintéressé. Parmi les plus distingués on compte à Pékin, le Dr Edkins qui a publié sur la Chine des ouvrages remarquables, entre autres *China's place in philology.*

---

1. *The Great Missionnary Failure* (*The Fortnightly Review*, octobre 1888.)

C'est un livre très savant, mais d'un intérêt pratique douteux. Un autre missionnaire, en même temps médecin, le Dr Dudgeon a fait paraître de nombreux écrits sur la botanique et la médecine chinoises. Dans une brochure sur les maladies du pays, il a emprunté à un de ses compatriotes irlandais cette boutade humoristique, en parlant de la vie des Européens en Chine, il écrit : « *They eat and they drink, they drink and they eat and then they die and they write home that the climate killed them,* » c'est-à-dire : « Ils mangent, ils boivent, ils boivent et ils mangent, ils en meurent, puis ils écrivent chez eux que c'est le climat qui les a tués. » Ceci résume en effet assez bien la vie que mènent là-bas un trop grand nombre de résidents étrangers qui, en dépit du climat, s'y porteraient parfaitement s'ils savaient mener une vie réglée et sage en tous points.

*
* *

C'est le monde commerçant qui domine dans les ports où les consuls et les employés des douanes représentent seuls le monde officiel. Ces derniers ont déjà été étudiés dans cette revue, nous avons aussi décrit l'organisation du système consulaire anglais et montré l'utilité qu'il y aurait de réformer le nôtre. Je ne renouvellerai pas ici les critiques qu'on a faites si souvent de nos consuls dans les journaux français, critiques souvent exagérées ; mais j'exprimerai le vœu que nos consuls s'appliquent un peu plus à connaître la langue, les institutions, les productions et les besoins du peuple des pays qu'ils habitent et puissent ainsi imiter leurs collègues anglais en publiant des rapports consulaires utiles aux voyageurs, explorateurs et aux commerçants.

Le plus important des ports est, sans contredit, Shanghaï. Les premiers résidents étrangers qui s'y établirent furent naturellement les Anglais en 1843, puis les Français après la guerre des Taïpings en 1853. Enfin, profitant de la clause des traités qui assure à tous le traitement de la nation la plus favorisée, vinrent les Américains, les Allemands, quelques Danois et Italiens. Depuis plusieurs années les Japonais eux-mêmes ont envahi le *Model Settlement*, nom peu modeste que les Anglais ont donné, dans leur enthousiasme, à la concession anglaise de Shanghaï. Nous disons concession et non pas colonie. On sait en effet qu'à Shanghaï, comme à Canton et dans les divers ports ouverts, les étrangers, en la personne des Anglais puis des Français et des Américains ensuite, ont obtenu du gouvernement chinois la concession, à titre emphitéotique, d'un espace de terrain déterminé par les traités et pour lequel ils paient au trésor impérial une rente annuelle ou tribut. Sur ces terrains les étrangers peuvent acheter, et bâtir, et résider sans être soumis à d'autres lois que celles de leur propre pays appliquées par le tribunal consulaire.

En dehors des limites des concessions les étrangers restent également soumis à leurs lois et ne peuvent être poursuivis pour contravention aux lois de l'empire que par l'intermédiaire de leurs consuls respectifs et devant un tribunal dit Cour mixte dans lequel siège, à côté du consul, un fonctionnaire chinois. C'est ce qu'on appelle la clause de *l'Exterritorialité*; on a jugé en effet que, vu l'état bien connu de vénalité et de partiale cruauté des tribunaux chinois, il était impossible de les laisser poursuivre seuls un étranger et le soumettre à la torture préalable pour le condamner ensuite, à coup sûr, coupable ou non, afin de satisfaire à la haine de race qui durera longtemps entre blancs et jaunes. En dehors des concessions les étrangers ne peuvent posséder des magasins ni exercer le commerce, ils ne peuvent voyager même que munis d'un passeport consulaire visé par les autorités chinoises dûment informées par le consul. Seuls les missionnaires catholiques possèdent en dehors des concessions grâce à une clause spéciale de notre traité. Comme cette clause ne s'étend qu'à la France, cela explique pourquoi les missionnaires catholiques de tous pays avaient jusqu'ici avantage à se mettre sous la protection de notre pays. Malheureusement cette prépondérance religieuse vient de nous être enlevée par la Chine qui, profitant de l'exemple donné en France par nos gouvernants intolérants, vient d'obtenir de l'Allemagne et de l'Italie qu'elles renoncent à la protection française pour leurs prêtres catholiques à l'intérieur. C'est cette fameuse solution que l'abbé Favier avait fait reculer par ses habiles négociations et dont M. Constans lui-même reconnaissant la gravité avait combattu le règlement, espérant conserver à la légation de France à Pékin sa prépondérance en matière de protection. En travaillant contre nous les nations étrangères étaient logiques, mais elles ne s'apercevaient pas qu'elles travaillaient aussi contre elles et faisaient le jeu de la Chine qui maintenant pourra refuser légalement à leurs missionnaires catholiques le droit de posséder dans le pays, droit qui ne leur est reconnu que par le traité français. (En effet l'Angleterre n'a pas revendiqué cette clause.) Il est vrai qu'elles travaillent ainsi contre l'influence catholique en Chine, influence qui était avant tout française vu que le plus grand nombre des missionnaires appartient aux catholiques français.

Jusqu'en 1867 ou 68 les grandes maisons de commerce anglaises et américaines telles que Jardine Matheson et Cie, Russell et Cie, tenaient à Shanghaï et dans les ports la tête de la société commerçante. Grâce aux bénéfices énormes réalisés dans l'importation de l'opium, des cotonnades et des métaux, les chefs de

ces *Firms* de premier ordre maniaient les millions
d'où leur nom de *Prince Merchants*. Ils se bâtirent des
palais et firent combler les marais et les rizières qui
s'étendaient, entre la ville chinoise et la rivière de Soo-
chow, sur les bords du fleuve *Huang-Pou*. Aujourd'hui
tout cet espace est couvert de constructions superbes
parmi lesquelles on remarque le Club, la maison
Russell, l'Oriental Bank, le Comptoir d'escompte de
Paris, le consulat d'Angleterre, en arrière une cathédrale en briques, un musée, un petit théâtre (le lycéum)
et une foule des grandes et belles maisons où l'on
trouve tout le confortable européen et oriental, l'eau,
le gaz, la lumière électrique, etc. La concession française située entre la ville chinoise et la concession
anglaise dont elle est séparée par le canal du *Yang-
King-Pang* (baptisé le Jean-qui-se-pend par nos mate-
lots), ne possède en fait de monuments que le palais
du Conseil municipal orné de la statue en bronze de
l'amiral Protet, l'église Saint-Joseph et quelques
grandes maisons, dont un consulat qui tombe si bien
en ruines qu'on a dû l'étayer, puis l'abandonner.

A l'époque des *Opium clippers*, alors que ni les
bateaux à vapeur, ni le télégraphe ne reliaient Shanghaï à la vieille Europe, on menait grande vie parmi
les quelques étrangers réunis sur ce sol des concessions. Le thé et la soie faisaient concurrence à l'opium
pour enrichir en une saison les heureux spéculateurs.
L'argent sortait aussi facilement des coffres-forts qu'il
y entrait, on jouait beaucoup, on menait la vie de
grands seigneurs. Les hôtels si renommés des Colonies
d'Astor House, et Central n'existaient pas encore. L'hos-
pitalité encore très large aujourd'hui était princière et
on hébergeait chez soi pendant des mois des amis, des
voyageurs, des gens qu'on n'avait jamais vus, mais
qui vous arrivaient d'Europe ou d'Amérique avec une
lettre d'introduction en bonne forme. On jouait beau-

coup, on buvait sec et l'on meublait promptement le cimetière, car le climat était loin d'être sain, et les excès ont toujours été mortels dans ce pays où les fièvres intermittentes, rémittentes ou pernicieuses, sans compter la dysenterie et le choléra encore communs, étaient alors beaucoup plus fréquentes.

La navigation à vapeur, établissant une concurrence redoutable et régularisant l'influx des marchandises sur le marché, comme aussi ses débouchés vers l'Europe, mit un terme aux spéculations monstres du temps où l'on jouait des millions sur l'arrivée plus ou moins rapide d'un navire à voiles chargé d'opium, dont on guettait l'arrivée du haut d'observatoires construits *ad hoc*. D'un autre côté, l'établissement du télégraphe sous-marin (en 1871) en informant le public des cotes de la bourse à Paris et à Londres arrêta dans son essor l'omnipotence des *Prince Merchants*. Puis vint le percement du canal de Suez; les grandes compagnies de navigation Péninsulaire et Orientale et Messageries Impériales (aujourd'hui Messageries Maritimes) envoyèrent régulièrement et rapidement par cette voie nouvelle d'immenses steamers jusqu'à Shanghaï. Tout cela donna le dernier coup au monopole des grandes maisons étrangères en permettant au petit commerce d'établir à son tour des comptoirs et de se passer de leur intermédiaire. Enfin les Chinois ouvrirent les yeux à l'avantage considérable qu'ils trouveraient à faire eux-mêmes leurs affaires et à supprimer les commissions dont ils enrichissaient l'étranger. Protégés par Li-Hung-Chang, qui leur prêta son concours moral et financier, ils achetèrent à la compagnie Russell sa flotte et se mirent à faire le commerce de la côte en attendant qu'ils arrivent jusqu'en Europe. Ils l'ont bien essayé et ont déjà envoyé à Londres un de leurs steamers battant le pavillon national et celui de la grande compagnie *China Merchants Steam*

Navigation Co. Mais les Anglais qui perdent chaque jour le commerce de la côte ont compris le danger et leurs courtiers se sont unis pour refuser au navire chinois tout chargement. L'essai fut manqué, mais on connaît la patience et la persévérance de la race jaune ; et si l'Europe ne s'unit pas toute entière pour lutter contre cet envahissement pacifique et commercial, elle sera vaincue sur ce terrain comme elle l'a été dans ses colonies à Hong-Kong, à Singapoure et à Batavia où les Chinois possèdent déjà les meilleures plantations, voire les plus beaux quartiers et nombre de bonnes et sérieuses maisons de commerce.

A Shanghaï, le commerce passe chaque jour davantage dans leurs mains, on démolit des maisons européennes dans les concessions pour élever à leur place une quantité de maisons chinoises où les Célestes viennent s'installer en foule, pour y jouir des perfectionnements apportés là pour les étrangers, le gaz, l'eau pure, la lumière électrique et de la liberté loin de leurs pillards de mandarins. On a même dû à Hong-Kong se préoccuper de cet envahissement et réserver par une loi une partie de la ville à l'usage exclusif des Européens qui préféraient vendre leurs terrains un bon prix et se retirer à la campagne. Il en sera forcément bientôt de même à Shanghaï.

Lorsque j'y arrivai en 1872 on y comptait à peine cinquante Européennes (1). Aujourd'hui elles sont plus de cinq cents et la société s'est forcément divisée en coteries. Les dames françaises, toujours très peu nombreuses à l'étranger, ne sont guère plus de quatre ou cinq. Les Allemands, qui ne comptaient que fort peu de membres à cette époque, sont aujourd'hui assez nom-

---

1. La population étrangère, qui était de 50 personnes en 1844, se montait à 2,778 en 1870 et à près de 3.500 en 1884. Aujourd'hui on compte plus de 4.000 étrangers dans les trois concessions anglaise, française, américaine.

breux pour former une société à part qui a son club,
un consulat monumental, et aura bientôt son église
et son chapelain. Ils frayent peu avec les autres étrangers et nullement avec les Français.

Grâce à l'arrivée des dames, la vie des résidents a
beaucoup changé et est devenue plus sociable ; les
mœurs autrefois très relâchées y ont grandement gagné.
La mode des mariages temporaires (lisez concubinage)
avec les filles du pays, toujours de la plus vile extraction (les filles de mandarins et bourgeois aisés détes-
tent trop l'étranger pour se donner à lui) qui était
générale il y a encore peu d'années, tombe peu à peu
en désuétude. Malheureusement elles sont trop souvent remplacées par des femmes du demi-monde,
venant surtout de San-Francisco, d'où leur dénomi-
nation courante d'Américaines. Avec l'Amérique c'est
surtout la Moldavie, la Valachie et l'Autriche qui fournissent cet élément. Par honneur pour notre pays je dois
dire qu'il n'y en a pas de Françaises. Il y a quelques
années, elles ne sortaient qu'après 4 heures du soir,
en voiture et sur certaines routes. Elles n'étaient tolé-
rées ni dans les tribunes des courses, ni au club, ou
au théâtre. Maintenant elles envahissent le trottoir tout
comme à Paris et se promènent sur le *Bund* (promenade du bord de la rivière) à midi, saluant ouverte-
ment leurs connaissances et causant avec les jeunes
gens sortant de leurs bureaux pour aller déjeuner au
club ou à l'hôtel. Elles pénètrent déjà au théâtre et
bientôt ce sera aux tribunes des courses. Par contre le
Conseil municipal refuse l'entrée du jardin public aux
Chinois bien mis, propriétaires sur les concessions et
qui paient comme les Européens pour l'entretien de
ce jardin ; c'est là évidemment une injustice contre
laquelle on n'ose cependant protester tant le sentiment
de haine est profond contre la race jaune. Les Chinois se vengent cruellement en envahissant, de leurs

trop nombreuses voitures, la fameuse route du *Bub-bling Well* la plus jolie promenade des environs.

En dehors des clubs et du théâtre, les étrangers ont mille distractions plus ou moins agréables. L'hiver, ce sont des bals publics ou privés; parmi les plus suivis il faut citer le bal de la Saint-André où les Ecossais nombreux dans les *settlements* viennent en costume national et dansent au son des *bagpipes*, le biniou des Highlanders. Les francs-maçons ont aussi leur sauterie, puis viennent les bals, en costume, des pompiers et des volontaires. C'est qu'à Shanghaï, comme aussi à Hong-Kong, chacun est pompier. On a fait venir d'Angleterre de magnifiques pompes à vapeur admirablement tenues. Dans les grandes occasions, comme par exemple lors de la visite de l'ex-président des Etats-Unis, le général Grant, pompiers et volontaires paradent en procession comme à New-York. Cette compagnie de pompiers, connue sous le nom chinois de *Mieh-ho-loung* (dragon éteignant le feu) du nom des pompes elles-mêmes, est aidée par une compagnie de volontaires chargés des travaux de sape et de sauvetage et qui s'intitule *The hook and ladder company* à cause de ses principaux instruments de travail: le croc et l'échelle. Sitôt que sonne la cloche d'alarme, ce qui est fréquent en hiver, surtout aux environs du premier jour de l'an chinois (ces messieurs ayant souvent l'habitude de liquider leur situation annuelle en rôtissant leur maison de commerce livres et balais compris), pompiers et sapeurs endossent rapidement leur belle chemise rouge, coiffent leur casque à l'américaine en métal peint. On court aux pompes à vapeur, rapidement mises sous pression, aux trucks à échelles traînés par des escouades d'auxiliaires chinois et l'on se rend au feu avec un véritable entrain. Les cinq à six pompes versent bientôt sur le foyer un tel déluge qu'il noie tout ce que le feu et les sapeurs ont épargné. On rentre ensuite

raconter aux amis les prouesses qu'on a accomplies.
Le lendemain les journaux de la localité mentionnent
avec éloges le nom de la première pompe arrivée sur
le lieu du sinistre (1). Malheureusement pour les pompiers, depuis trois ou quatre ans, la Compagnie des
eaux a établi des bouches d'incendie dans toutes les
rues et les pompes sont devenues à peu près inutiles,
la pression étant très suffisante pour atteindre au faîte
des maisons. Aussi nos enragés pompiers se **plaignent**
volontiers qu'il n'y a plus de plaisir à aller **au feu**
(*there is no more fun*).

On chasse aussi beaucoup, les environs étant forts
giboyeux. Avec quelques fusils et trois ou quatre
chiens on s'embarque pour quatre ou cinq jours sur un
petit *house-boat* bien chargé de vivres et de muni-
tions et l'on revient facilement avec douze ou quinze
cents pièces de gibier ; daims, sangliers, canards, fai-
sans, etc...

Au printemps et en automne on a les courses ; pendant les grandes chaleurs de l'été on prend généralement un congé que l'on va passer au bord de la mer à
Chefoo ou au Japon. Le matin avant les heures trop
chaudes ou le soir après dîner, les volontaires font souvent des promenades militaires avec la musique en
tête. Une ou deux fois par an le navire de guerre en
rade débarque une compagnie ou deux et l'on va faire
la petite guerre sur le champ de courses au grand
amusement des Chinois qui aiment beaucoup à enten-
dre parler la poudre.

Comme dans les autres ports on fait aussi beaucoup
de canotage et de sport nautique, il y a un *Yacht Club* et

---

1. La presse locale publie chaque jour quatre journaux dont
deux le matin : *North China Daily News* et *Der Ostasiatische
Lloyd*, et deux le soir : *Shanghaï Courier* et *Shanghaï Mercury*.

un *Rowing Club* bien montés (1). L'usage du cheval est aussi général. En somme la vie est très gaie dans les ports ouverts au commerce, et comme tous les étrangers y ont une vie active et occupée ils n'ont guère le temps de s'ennuyer. Sauf à Formose et à Haïnan le climat peut être considéré comme sain et les nombreux enfants que l'on voit jouer à Shanghaï au jardin public n'ont pas l'air trop anémiés, ainsi que cela a lieu dans l'Inde.

Autrefois il fallait envoyer ses enfants en Europe faire leur éducation, mais aujourd'hui, grâce au collège des Pères Jésuites et à la maison d'éducation des Dames auxiliatrices, garçons et filles peuvent recevoir à Shanghaï même, l'éducation la plus soignée et à un prix relativement peu élevé. Très respectueux de la liberté de conscience et reconnaissant la haute valeur pédagogique des Jésuites et des religieuses françaises, le Conseil municipal anglo-américain n'hésite pas à aider ces maisons d'éducation de ses subsides. Plus intelligent que notre haineux Conseil municipal, il a confié le soin des malades dans l'hôpital général aux soins des sœurs de Saint-Vincent-de-Paul qui sont fort aimées et respectées de tous. On trouve à Shanghaï quelques bons médecins, dont l'un, le Dr Little, chirurgien distingué, est connu pour le succès de ses opérations de ponction du foie. Un de nos médecins de la marine française, le Dr Aymes, lui doit la vie.

En dehors de leur collège de Hongkew (concession, américaine) pour l'éducation des enfants européens, les Jésuites ont à Zi-Ka-Wei, à 6 milles de Shanghaï, un établissement de premier ordre. On y remarque : un observatoire météorologique qui publie des bulletins fort intéressants ; un musée d'histoire na-

---

1. Il y a aussi : le *Rifle Club*, le *Cricket Club*, le *Football Club*, le *Racquet Club*, le *Gymnasium*, le *Paper hunt Club*, etc.

turelle où un naturaliste distingué le P. Heudes a
réuni ses nombreuses découvertes ; un orphelinat
où l'on apprend aux jeunes Chinois des professions
manuelles. Là se trouve aussi une imprimerie qui
édite chaque semaine un journal rédigé en chinois
l'*I-Wen-Lou* et où l'on imprime des œuvres remarquables comme le monumental travail du P. Zottoli sur
la littérature chinoise (1), les recherches micrographi-
ques du P. Rathouis, divers points d'histoire naturelle,
les bulletins de l'observatoire et les travaux originaux du P. Heudes sur la conchiliologie fluviale etter-
restre de la Chine, les cervidés, les tortues du
pays, etc., etc.

Un collège est joint à la résidence des Pères pour
l'éducation des Chinois dans leurs classiques et la pré-
paration à leurs examens ; viennent ensuite un grand
séminaire et un scolasticat pour former des prêtres
indigènes.

Non loin de là, les Dames auxiliatrices ont un orphelinat, un pensionnat et des ouvroirs pour les filles
chinoises et une crèche pour les petits enfants.

Plus loin *on trouve encore un couvent de carmé-*
lites venues de France fonder une œuvre pour les
femmes chinoises catholiques. A Hong-Kong on trouve
les procures de diverses missions catholiques en Chine,
et leur énumération clôt la liste des résidents étrangers en Chine.

---

1. *Cursus litteraturæ Sinicæ*, en 6 vol., suivis d'un dictionnaire
chinois-latin en 4 vol.

75

www.ingramcontent.com/pod-product-compliance
Lightning Source LLC
Chambersburg PA
CBHW060641080726
47818CB00041B/612